12 Juni 1891.

SUCCESSION

DE

MME B. FOULD

CABINET DE CURIOSITÉS

PARIS 1891

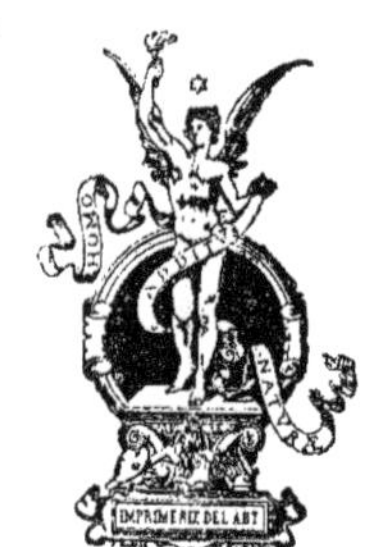

CATALOGUE

DES

ANTIQUITÉS ET OBJETS D'ART

VASES ÉTRUSQUES

Verrerie, Orfèvrerie, Bronzes, Objets variés antiques

ÉMAUX PEINTS DE LIMOGES

Faïences Italiennes, Hispano-Moresques et de B. Palissy

PORCELAINES DIVERSES, SCULPTURES

TERRES ÉMAILLÉES DES ROBBIA

BRONZES, ORFÈVRERIE

Émaux cloisonnés, Objets divers, Matières dures, Verres de Venise

Meubles

COMPOSANT

LA COLLECTION DE FEU Mme B. FOULD

ET DONT LA VENTE, PAR SUITE DE SON DÉCÈS, AURA LIEU

HOTEL DROUOT, SALLE N° 8

Les Vendredi 12 et Samedi 13 Juin 1891

A DEUX HEURES

COMMISSAIRE-PRISEUR

Me PAUL CHEVALLIER

10, rue de la Grange-Batelière, 10

EXPERTS

Pour les Antiquités :   *Pour les Objets d'art :*

M. H. HOFFMANN   M. CH. MANNHEIM

11, rue Benouville, 11   7, rue Saint-Georges, 7

EXPOSITIONS

PARTICULIÈRE : *Le Mercredi 10 Juin 1891, de 1 h. 1/2 à 5 h. 1/2*

PUBLIQUE : *Le Jeudi 11 Juin 1891, de 1 h. 1/2 à 5 h. 1/2*

CONDITIONS DE LA VENTE

Elle sera faite *expressément* au comptant.

Les Acquéreurs payeront CINQ POUR CENT en sus des adjudications, applicables aux frais de la vente.

L'exposition mettant le public à même de se rendre compte de l'état des objets, il ne sera admis aucune réclamation une fois l'adjudication prononcée.

Paris. — Imp. de l'Art. E. Ménard et Cⁱᵉ, 41. rue de la Victoire.

DÉSIGNATION DES OBJETS

ANTIQUITÉS

CÉRAMIQUE

I. Vases étrusques en pâte noire (*bucchero*).

1 — GRANDE OENOCHOÉ à embouchure trilobée, l'anse ornée de deux petits disques.

2 — CANTHARE à anses surélevées. Sur le devant, un graffite étrusque : *nire pesuna saviles*.

3 — CANTHARE sans anses.

4 — SCYPHUS à anse surélevée et décorée d'un bouton.

II. Poterie corinthienne.

5 — GRAND ARYBALLE. Oiseau à tête de femme, entre deux lions. Dans le champ, des cygnes gravés sur fond noir.

6 — ARYBALLE. Procession de cinq guerriers.

7 — BALSAMAIRE. Oiseaux et animaux sacrés, disposés en trois frises.

III. Vases à figures noires sur fond rouge.

8 — COUPE à rebord mouluré. A l'intérieur, une biche près d'un palmier. Sur la face externe, une danse de satyres et de nymphes. Sous le pied, un graffite.

9 — COUPE. A l'intérieur, un Silène. Au revers, un Pégase, des cavaliers et des hoplites combattant.

10 — COUPE. Masque de Méduse de style primitif. Au revers, lions et palmettes. (Style de Xénoclès.)

11 — GRANDE KOTYLE à deux anses. Joueuse de flûte et cinq danseuses entre deux sphinx assis. Même sujet au revers.

12 — ŒNOCHOÉ à tableau. Apollon citharède entre deux femmes.

13 — Amphorisque. Chimère et Pégase bridé.

14 — Deux autres, dont l'un représente Thésée tuant le Minotaure.

15 — Amphore à colonnettes. Sur chaque face, un aurige vêtu d'un chiton blanc et conduisant un quadrige au pas. Légendes fictives.

16 — Grande amphore. Jupiter et Junon dans un quadrige ; sur le second plan, Apollon et une joueuse de crotales; devant les chevaux, Mercure et un chien. Au revers, Bacchus entre deux satyres et deux nymphes. Sur le pied, une grappe de raisin gravée au trait.

17 — Grande amphore. Jupiter et Junon dans un quadrige entouré de deux nymphes, de Bacchus et de Mercure. Au revers, Bacchus couché sur une kliné entourée de nymphes et de satyres dansant.

IV. Vases à figures rouges sur fond noir.

18 — Amphore à anses torses. Deux guerriers combattant une femme vêtue d'un peplos et armée d'un arc et d'une hache. Au revers, trois éphèbes.

19 — AMPHORE à colonnettes. Neptune et Amymone. Au revers, une femme courant vers la gauche. *Beau style du Ve siècle.*

20 — MÊME FORME. Joueur de double flûte et discobole entre deux personnages de la palestre. Au revers, trois éphèbes. Décor noir sur fond rouge.

21 — PETITE HYDRIE à trois anses. Intérieur d'un gynécée. Une femme, debout près d'une chaise, remet son balsamaire à une servante.

22 — AUTRE. Amour portant une couronne et une corbeille de fruits.

23 — COUPE. Roi diadémé, debout et appuyé sur un sceptre. Devant lui, Victoire drapée, tenant un casque. Au revers, le même roi devant deux femmes.

24 — LÉCYTHE. Amour agenouillé, tressant une couronne.

V. Vases en forme de têtes et de figurines.

25 — GUTTUS façonné en souris. Ancien style ; décor noir sur fond jaune.

26 — DEUX AMPHORISQUES. Bustes de femmes.

27 — Lécythe. Colombe peinte en blanc.

28 — Passoire. Lion couché.

29 — Rhyton en forme de tête de mulet. Sur le col,
une femme drapée, tenant un tambourin.

30 — Rhyton en forme de tête de génisse.

31 — Rhyton en forme de tête de biche. Sur le col,
un Amour assis, tenant une couronne et un ins-
trument de musique façonné en échelle.

32 — Rhyton en forme de tête de mulet. Sur le
col, quatre figurines, dont un éphèbe armé d'un
bouclier rond (*épisème : un lion*).

VI. Vases peints d'Apulie.

33 — Grande amphore à panse oviforme. Un monu-
ment sépulcral (*heroon*), orné d'un disque et
d'une grande amphore, occupe le centre de la
composition. Une femme est assise sur la base
de l'*heroon* ; une autre et deux jeunes gens
apportent des offrandes. Au revers, une colonne
funéraire entre un éphèbe et une femme.

34 — Même forme. Une statue de femme, portant
un coffret, est placée dans un *heroon*, entre
deux femmes dont l'une porte une situle. Au
revers, un couronnement de stèle.

35 — GRAND VASE, surmonté d'une anse de situle. Une femme voilée, tenant une patère, est debout devant deux guerriers, dont l'un est assis. Au revers, deux éphèbes dont l'un s'appuie sur une lance.

36 — MÊME FORME. Stèle sépulcrale entre un hoplite et une femme assise. Au revers, un enfant drapé devant une femme assise. Sur le col, deux têtes de femmes.

37 — GRANDE AMPHORE à mascarons. Femme assise dans un édicule funéraire et tenant un coffret dont le couvercle est ouvert. De chaque côté, une corbeille et un éventail. Au revers, couronnement d'une stèle sur laquelle est placée une coupe. Sur le devant du col, un buste de face dans un calice de fleur.

38 — GRANDE HYDRIE à trois anses. Dans une chapelle sépulcrale, une femme appuyée sur une vasque et tenant un miroir; devant elle, une femme portant un coffret et une grappe de raisin. Autour de l'édifice, quatre femmes apportant des offrandes.

39 — HYDRIE à trois anses. Statue d'éphèbe dans un héroon entouré de quatre figures.

40 — MÊME FORME. Guerrier et trois femmes sacrifiant sur un autel.

41 — Cratère. Un roi, vêtu d'une longue tunique
brodée, fait une libation sur un autel rustique;
devant lui, deux appariteurs, dont l'un porte un
vase et un plateau, tandis que l'autre, agenouillé,
tient une broche et fait cuire un morceau de
viande dans la flamme de l'autel. Derrière le
roi, Apollon assis, tenant un rameau de laurier,
et un satyre rampant sur une colline; du côté
opposé est assis un dieu barbu, tenant un sceptre
et une corne d'abondance. Dans le champ, deux
trépieds placés sur des colonnettes. Au revers du
vase, trois éphèbes drapés.

42 — Oxybaphon. Quatre personnages : un roi
(*Céphée*) tenant un sceptre et semblant parler à
une jeune femme voilée et diadémée (*Andromède*) qui joint les mains. Une servante apporte
un coffret et une tunique; un esclave, du type
nègre, tient un pedum. Au revers, quatre éphèbes
drapés.

43 — Oxybaphon. Jeune homme assis et jouant
avec un petit chien. A gauche, un satyre, portant une corbeille de fruits; à droite, une femme
tenant un balsamaire. Dans le champ, un masque
scénique.

44 — Oxybaphon. Dans un *heroon*, un jeune homme
est couché sur une kliné et tient une coupe;
devant lui, une femme tenant deux baguettes.

Au revers, un éphèbe drapé, debout devant une femme assise sur un rocher.

45 — GRANDE KOTYLE. Bacchante assise sur un siège que recouvre une peau de panthère. De chaque côté, une Bacchante debout.

46 — SITULE. Guerrier debout devant un cippe.

47 — CANTHARE. Amour adolescent, assis à gauche, tenant une couronne, une corbeille et une bandelette. Près de lui, un cygne. Au revers, une femme, assise sur un chapiteau, tient un éventail.

48 — GRAND ARYBALLE. Mercure appuyé contre un arbre. Devant lui, Pâris assis, en costume phrygien ; derrière lui, une femme assise, tenant un miroir et un plateau de fruits. Un petit Amour au vol vient la couronner. Dans le champ, un bucrâne et une petite échelle.

VII. Vases à vernis noir.

49 — GRAND CRATÈRE. La panse est ceinte d'un rameau d'olivier, peint en blanc.

50 — GRANDE HYDRIE à trois anses ; autour du col, une couronne de feuilles et de baies.

51 — Autre, avec une élégante couronne en relief
doré.

VIII. Fabrique d'Arezzo.

52 — Grand scyphus sans anses, orné de palmettes
et de candélabres en relief.

53 — Sous ce numéro seront vendus une centaine
de vases peints d'Apulie, de vases à couverte
noire, de poteries blanches, etc.

TERRES CUITES

54 — Lot de lampes et de figurines trouvées en
Grande-Grèce (Enfant assis sur un paon, Enfant
couché sur le porc éleusinien, Esclave conduisant un mulet, Poupée articulée, etc.)

VERRERIE

55 — Lot de petits flacons en verre blanc.

56 — Verre a boire, avec son plateau.

57 — Flacon a huile, pomiforme et à parois très
épaisses. Pâte vert de mer.

58 — Grande urne cinéraire en verre verdâtre.
Panse sphérique, deux anses droites, rebord
saillant, couvercle muni d'un bouton. — Haut.,
27 cent.

59 — Autre exemplaire, à deux anses doubles, le
couvercle orné d'une moulure. — Haut., 30 cent.

60 — Flacon en verre bleu, la panse campani-
forme.

61 — Deux petits flacons : l'un, bleu et piriforme ;
l'autre vert et cylindrique.

62 — Coupe (brisée) en verre marbré, et deux bou-
tons en pâte multicolore.

63 — Flacon sans anses, en verre bleu incrusté de
fils jaunes, le haut de la panse côtelé.

64 — Amphorisque en pâte bleuâtre, incrustée de
fils jaunes. Patine argentée.

65 — Petit flacon pomiforme à seize côtes. Pâte
bleue incrustée de fils jaunes.

66 — Amphorisque en verre bleu translucide, le haut
de la panse côtelé ; chevrons jaunes incrustés
dans la pâte.

67 — FLACON fusiforme, sans anses. Pâte bleu cobalt ;
cercles et chevrons incrustés en pâtes blanche et
jaune ; le haut de la panse côtelé.

68 — BALSAMAIRE d'ancien style. Pâte bleue ; barbes
de plumes incrustées en jaune et en blanc ; deux
petits appendices simulant les anses.

69 — MÊME FORME ET MÊME DÉCOR, d'un travail plus
fin, les oreillettes perforées.

70 — TRÈS BEAU BALSAMAIRE du même style, sans
patine et ayant conservé tout son brillant.

71 — BALSAMAIRE côtelé et muni d'une chaînette en
or, le rebord brisé. Pâte bleu cobalt ; chevrons
incrustés en blanc et en jaune.

72 — GRAND BALSAMAIRE d'ancien style. Pâte bleue,
barbes de plumes en jaune et en blanc, oreillettes perforées.

73 — AUTRE EXEMPLAIRE.

74 — ŒNOCHOÉ à orifice tréflé. Pâte bleu cobalt ;
barbes de plumes en blanc, en jaune et en bleu
turquoise ; anse cannelée. — Haut., 136 millim.

75 — ŒNOCHOÉ du même style, la panse presque
cylindrique.

76 — Balsamaire d'ancien style. Panse surbaissée,
le rebord du goulot très large. Pâte bleu cobalt ;
barbes de plumes jaunes, blanches et bleu turquoise ; oreillettes perforées.

ÉMAILLERIE

77 — Figurine funéraire égyptienne (*ushebti*) et
scarabée.

78 — Aryballe à émail bleu, rehaussé de noir. Panse
pomiforme, ornée d'écailles en relief.

79 — Flacon en forme de porc-épic. Émail vert
pâle, les piquants en relief et peints en noir.

AMBRE

80 — Masque de jeune fille, les cheveux frisés en
bandeaux parallèles. Dans le haut, une charnière.
— Haut., 75 millim.

ORFÈVRERIE

81 — Paire de boucles d'oreilles d'ancien style
grec, en or estampé. Dans le haut, une tête de
lion avec un collier orné de feuilles de lierre ;

anneau en torsade, terminé par une petite tête
de lion.

82 — Trois pendants d'oreilles en or : Amour
enfant, tenant une patère. — Autre, tenant une
patère et un balsamaire. — Amphore suspendue à
un fleuron. Cette dernière pièce porte des granu-
lations d'une finesse exquise.

83 — Six boucles d'oreilles en or, granulées ou
décorées de petits anneaux.

84 — Couvercle de bulle étrusque, orné de cupules
et de dessins géométriques gravés à la pointe.
— Diam.; 67 millim.

85 — Trois bagues en or massif, dont deux à chaton
gravé (Victoire sonnant de la trompette, etc.).

86 — Six bagues en or, décorées de pierres précieu-
ses (grenat, améthyste, prime d'émeraude, saphi-
rine).

87 — Deux bagues en or, les chatons ornés d'in-
tailles (Cornaline : Bacchus et la panthère. Agate
rubanée : jeune guerrier).

88 — Deux pendeloques (croissant et rondelle) et un
bouton doré.

89 — Deux paires de bracelets en or battu.

90 — COLLIER formé de quatre chaînettes en or, de
perles de verre, de trois pendentifs en argent avec
des masques dorés, et de deux fermoirs façonnés
en têtes de bélier et ornés de petits cylindres en
cornaline.

91 — COLLIER composé de cylindres et de coquilles
en or, alternant avec des annelets en pâte de
verre bleue.

92 — COLLIER formé d'anneaux en or, de primes
d'émeraude et d'améthystes. La pièce centrale
représente un fleuron ajouré et supportant un
petit médaillon d'or à deux masques ; les fermoirs se terminent par des têtes de lion d'ancien
style.

93 — COLLIER formé de trois masques estampés
(dont deux sont des masques d'acteurs), de huit
amphores, de pendeloques granulées, de graines
et de petites boules en or.

94 — COLLIER formé de deux masques tragiques en
or estampé, d'un scarabée étrusque en cornaline
(sujet : Hercule nu, armé d'une massue), d'un
amphorisque, de lacs et de pendeloques en or,
de perles de verre, de deux chaînettes en or et
de fermoirs façonnés en têtes de bélier.

95 — REPOSOIR DE BALSAMAIRE en or estampé. Sur

le tour: deux enfants nus, à cheval, galopant vers la droite, entre deux colonnettes. Ligne d'oves. Sur le rebord : amphores alternant avec des masques barbus.

ARGENTERIE

96 — Dix bagues en argent. Une d'elles est ornée de deux mains jointes, les autres portent des gravures sur leurs chatons (monogramme latin, centaure, Victoire, Minerve, etc.)

97 — Lot de bagues en argent, en argent doré, etc. — Une petite cuillère.

98 — Trois figurines en argent massif (deux enfants et un petit chien), et une figurine d'enfant en argent estampé.

99 — Petit groupe (moderne) représentant une femme nue, assise sur un rocher et tenant à la main droite levée un oiseau ou un papillon. A sa gauche, un enfant nu, qui lève la main vers l'oiseau. Base ornée d'entrelacs et montée sur quatre griffes de lion. — Haut., 10 cent.

100 — Canthare (moderne). Sur l'une de ses faces, quatre jeunes gens nus, armés de houlettes et conduisant quatre lions. Du côté opposé, un

groupe de quatre cavaliers casqués. Ces sujets
sont en haut-relief et en ronde bosse ; la partie
inférieure du vase est godronnée. — Haut., 18 cent.

BRONZES

101 — Huit petits masques, dont deux masques
tragiques, un d'acteur comique, une tête de
Fleuve, etc.

102 — Quatre figurines (Silène, Bacchus jeune,
guerrier, enfant assis tenant un lièvre), deux
pieds votifs, etc.

103 — Buste de satyre imberbe, couronné d'une
ténie. Peson.

104 — Jeune athlète nu, debout, le bras droit levé,
la main gauche abaissée et tenant un balsamaire.

105 — Hercule imberbe, coiffé de la peau de lion,
une pomme à la main gauche. Style italique.

106 — Jeune athlète nu, tenant un strigile. Art
étrusque.

107 — Groupe étrusque (un homme et une femme
se tenant enlacés) et deux figurines (Lar et Hercule tenant trois pommes à la main droite).

108 — Petit buste de Jupiter.

109 — Étui cylindrique garni de pincettes, de cure-oreilles, etc.

110 — Spatule, pincettes et trois clefs.

111 — Trois sceaux portant des légendes en relief (*A. Herenul Communis, L. Caecili Communis*) et en creux.

112 — Miroir ayant la forme d'un disque légèrement bombé et étamé.

113 — Deux manches de patères cannelés et terminés l'un par une tête de bélier, l'autre par une tête de chien

114 — Quatre anses de vases, dont trois amorties par des masques, la quatrième ajourée et façonnée en guirlande de lierre.

115 — Lampe, dont la poignée représente une chimère aux ailes éployées.

116 — Balsamaire et petit canthare.

117 — Chytra à panse pomiforme, l'anse amortie par une feuille de lierre.

118 — AMPHORE étrusque, les anses feuillagées. — Haut., 34 cent.

119 — SIMPULE. Le récipient a la forme d'une patère ; l'anse, amortie dans le bas par un masque et une palmette, se termine dans le haut par une tête d'animal.

120 — GRANDE CHYTRA étrusque ; l'anse est feuillagée, ornée de deux chénisques et d'un médaillon qui représente une joueuse de lyre en haut-relief.

121 — GRAND BASSIN étrusque à rebord perlé.

122 — AUTRE, avec son plateau.

123 — UMBO DE BOUCLIER, ajouré et orné de quatre masques de Méduse.

PLOMB

124 — GRANDE URNE CINÉRAIRE avec son couvercle. Panse pomiforme.

125 — DEUX SAUMONS DE PLOMB, portant les inscriptions : *eme* et *habbebi* (*sic*).

126 — PETITE AMPHORE.

IVOIRE

127 — SEPT PLAQUES DE COFFRETS, représentant des cavaliers armés de lances et des femmes drapées.

128 — TROIS PETITES CUILLÈRES.

129 — QUATRE ÉPINGLES A CHEVEUX, l'une couronnée d'un coq, l'autre d'une main tenant un fruit.

130 — DÉS A JOUER ET FRAGMENTS DIVERS.

PIERRES

131 — SCARABÉE étrusque en cornaline : Satyre courant, suivi d'un quadrupède.

132 — SCARABÉE égyptien en pierre tendre; hiéroglyphes sur le plat.

133 — GRAND BALSAMAIRE en albâtre.

134 — PYXIS ET UN LOT DE PETITS BALSAMAIRES en albâtre.

OBJETS D'ART

ÉMAUX PEINTS

135 — Petite plaque rectangulaire. Peinture en émaux de couleurs avec rehauts de dorure. Atelier des Pénicaud. Portrait d'Anne Boleyn vue à mi-corps, de trois quarts à gauche, tenant une branche de feuilles. Au revers, le poinçon des Pénicaud. Limoges. xvɪᵉ siècle. Cadre en ivoire.

Haut., 8 cent.; larg., 7 cent.

136 — Plaque de baiser de paix. Peinture en émaux de couleurs avec rehauts de dorure et paillons. Atelier des Pénicaud. Le Christ crucifié ; au pied de la croix, la Vierge défaillante et saint Joseph d'Arimathie, accompagnés de saints pernages. Au revers, le poinçon des Pénicaud. Limoges. xvɪᵉ siècle.

Haut., 14 cent.; larg., 11 cent.

137 — Petite plaque ronde. Peinture en émaux de couleurs avec rehauts de dorure et paillons. Ate-

lier des Pénicaud. La Nativité. Au revers, poinçon des Pénicaud. Limoges. xvie siècle.

Diam., 8 cent.

138 — PETITE PLAQUE ronde de la même suite et du
même atelier que la précédente : la Présentation
au Temple.

Diam., 8 cent.

139 — PETITE PLAQUE ronde. Peinture en émaux de
couleurs avec rehauts de dorure et paillons.
Attribuée à l'atelier des Pénicaud. L'Annonciation. Limoges. xvie siècle. Cadre en cuivre.

Diam., 7 cent.

140 — PLAQUE ovale légèrement bombée. Peinture
en émaux de couleurs avec rehauts de dorure et
paillons. Attribuée à l'atelier des Pénicaud. Judith
mettant dans un sac la tête d'Holopherne.
Limoges. xvie siècle.

Grand diamètre, 25 cent.; petit diamètre, 18 cent.

141 — COUPE circulaire sur piédouche-balustre et
avec couvercle. Peinture en grisaille avec
rehauts de couleurs, tons de chair et dorure.
Attribuée à Pierre Reymond. Au fond, et sur le
couvercle, sujets tirés de la Genèse ; l'intérieur
du couvercle, le revers de la coupe et le piédouche sont ornés de médaillons-bustes, de car-

touchages, d'amours et d'un écusson armorié.
Limoges. xviᵉ siècle.

Hauteur totale, 24 cent.; diamètre, 18 cent.

142 — Coupe analogue à la précédente et attribuée
au même émailleur. Au fond, la Vocation
d'Abraham ; sur le couvercle, scènes tirées de
l'histoire de Loth ; le reste du décor, comme
dans la coupe précédente. Limoges. xviᵉ siècle.

Hauteur totale, 24 cent.; diamètre, 18 cent.

143 — Coupe circulaire sur piédouche et accompagnée d'un couvercle. Peinture en grisaille
rehaussée de dorure. Attribuée à Pierre Reymond. Au fond, la chute de la manne; à l'extérieur,
un cartouchage. Sur le couvercle, Triomphe de
Diane ; et, au revers, médaillon contenant des
enfants musiciens. Limoges. xviᵉ siècle. Le piédouche est moderne.

Hauteur totale, 24 cent.; diamètre, 17 cent.

144 — Assiette. Peinture en grisaille avec rehauts
de dorure. Attribuée à Pierre Reymond. Le
mois de Septembre figuré par la vendange. Au
revers, le buste de Néron, avec la légende :
Néron 6 ème empereus. Limoges. xviᵉ siècle.

Diam., 20 cent.

145 — Plaque rectangulaire en largeur. Peinture en
grisaille. Attribuée à l'atelier des Reymond. La

Mort d'Hercule ; légendes latine et française. Limoges. xvie siècle.

Haut., 8 cent.; larg., 18 cent.

146 — Deux plaques rectangulaires en largeur. Peinture en grisaille avec tons de chair : Combats. Limoges. xvie siècle.

Haut., 7 cent.; larg., 16 cent.

147 — Coffret rectangulaire en bois noir, orné sur le fronton et le couvercle de cinq plaques rectangulaires peintes en grisaille, avec tons de chair et rehauts de dorure, et attribuées à Jean Courtois ; elles représentent des combats et des triomphes de dieux marins ; l'une d'elles est signée I. C. Limoges. xvie siècle. A l'intérieur, compartiments couverts par des plaques d'émail.

Hauteur du coffret, 13 cent.; long., 20 cent.; larg., 12 cent.

148 — Salière prismatique à six pans. Peinture en grisaille avec rehauts d'émaux de couleurs. Sur le pourtour, scènes relatives à la vie d'Hercule. Au fond des récipients, bustes d'Hercule et de femme. Limoges. xvie siècle.

Diam., 11 cent.; haut., 9 cent.

149 — Petite plaque de baiser de paix. Grisaille. L'Annonciation. Limoges. xvie siècle.

Haut., 8 cent.; larg., 6 cent.

150 — Quatre plaques rectangulaires provenant d'un coffret. Peinture en grisaille rehaussée de dorure. Les Quatre Saisons, figurées par les travaux de la campagne s'accomplissant pendant leur durée. Limoges. Fin du xvie siècle.

Haut., 16 cent.; larg., 23 cent.

151 — Petite coupe circulaire à deux anses. Peinture en grisaille et émaux de couleurs, par Jacques Laudin. Au fond, Minerve vue à mi-corps ; sur la bordure, des fleurs. Limoges. xviie siècle.

Diam., 13 cent.

152 — Soucoupe circulaire. Peinture en émaux de couleurs. Adonis tué par le sanglier. Au revers, un monogramme. Limoges. xviie siècle.

Diam., 15 cent.

153 — Coupe ronde à bords droits. Peinture en émaux de couleurs. Au fond, l'Adoration des Mages. Sur la bordure, de saints personnages ; au revers, figure allégorique et paysages. Limoges. xviie siècle.

Diam., 14 cent.

154 — Petite plaque rectangulaire. Peinture en émaux polychromes. Sainte femme agenouillée. Limoges. xviie siècle.

Haut., 11 cent.; larg., 9 cent.

155 — Petite plaque rectangulaire. Peinture en émaux de couleurs, par P. Nouailher : Sainte Claire. Limoges. xviie siècle..

Haut., 9 cent.; larg., 7 cent.

156 — Petite plaque rectangulaire. Peinture en émaux de couleurs. Sur les deux faces, Vénus et Pâris. Limoges. xviie siècle.

Haut., 5 cent.; larg., 6 cent.

157 — Six petits médaillons de diverses époques en émail peint : bustes et sujets galants.

158 — Petit médaillon émaillé sur or. Scène d'intérieur.

159 — Petit médaillon ovale en cuivre émaillé. Saint personnage avec encadrement à fond bleu.

FAIENCES

160 — Gubbio. Plat rond décoré en bleu et vert avec rehauts de reflets métalliques rouge cuivreux : au fond, le sujet de l'Annonciation ; au marli, une course de palmettes. Le revers présente, en rouge cuivreux métallique, le monogramme de la Vierge entouré de rinceaux, ainsi que le sigle de Giorgio Andreoli et la date du 29 mars 1526.

Diam., 29 cent.

161 — Gubbio. Petit plat rond et creux, tondino,
décoré en bleu et bistre avec rehauts de reflets
métalliques jaune chamois et rouge rubis : au
fond, un amour ; au marli, course de palmettes
séparées par des cartouches. Le revers présente
le sigle de Giorgio Andreoli et la date 1528.

Diam., 28 cent.

162 — Gubbio. Petite coupe à ombilic et à reliefs sur
piédouche bas à décor bleu rehaussé de reflets
métalliques jaune chamois et rouge rubis ; sur
l'ombilic, le monogramme du Christ ; à la chute,
des feuilles.

Diam., 23 cent.

163 — Faenza. Petit plat creux, tondino, à décor
blanc sur émail bleu, dit *berettino* : au fond,
buste d'Octave ; au marli, mascarons et rinceaux.

Diam., 25 cent.

164 — Faenza. Deux vases de pharmacie, piriformes,
à deux anses, à décor polychrome : Femme vue
à mi-corps, rinceaux et inscription indiquant le
contenu du vase.

Haut., 39 cent.; larg., 28 cent.

165 — Castel-Durante. Plat rond à décor bleu et
blanc : au fond, tête de femme, au milieu d'une

guirlande de feuillages; au marli, tête de ché-
rubin, vases, grotesques et trophées militaires.

Diam., 28 cent.

166 — Urbino. Coupe godronnée à décor polychrome. Elle présente un guerrier suivi d'un
cavalier.

Diam., 25 cent.

167 — Urbino. Vase ovoïde polychrome : Judith
mettant dans un sac la tête d'Holopherne; écusson armorié et inscription.

Haut., 38 cent.; larg., 25 cent.

168 — Deruta. Vase à corps surbaissé et à deux
anses, décoré en bleu avec reflets métalliques
jaune chamois; l'épaulement présente deux médaillons contenant la lettre r; le culot est orné
de faux godrons.

Haut., 34 cent.; larg., 25 cent.

169 — Deruta. Vase analogue au précédent; il
offre deux médaillons contenant chacun un buste
de femme.

Haut., 34 cent.; larg., 25 cent.

170 — Castelli. Deux vases, forme dite Médicis, à
décor polychrome; ils représentent chacun un
sujet emprunté au Chemin de la Croix; sur le
culot, des chérubins et des fleurs.

Haut., 43 cent.; diam., 26 cent.

171 — Castelli. Plaque ovale polychrome : Jupiter,
sous la forme de Diane, séduit Callisto.

Grand diamètre, 28 cent.; petit diamètre, 24 cent.

172 — Castelli. Plaque ovale polychrome : Procné
métamorphosée en hirondelle.

Grand diamètre, 28 cent.; petit diamètre, 24 cent.

173 — Castelli. Plaque rectangulaire polychrome :
scène galante.

Haut., 27 cent.; larg., 21 cent.

174 — Faïence italienne (?). Buste de femme, petite
nature, décoré au naturel.

Haut., 27 cent.; larg., 20 cent.

175 — Faïence hispano-moresque. Bassin circulaire
à décor bleu, relevé de reflets métalliques
rouge cuivreux : il est orné de rosaces et d'arabesques; le revers présente un bœuf passant,
ayant une sonnette fixée au cou.

Diam., 46 cent.

176 — Faïence hispano-moresque. Plat creux, à
décor bleu, rehaussé de reflets métalliques
rouge cuivreux : au centre, un écusson armorié;
bordure ornée d'arabesques; au revers, larges
rinceaux.

Diam., 45 cent.

177 — Faïence hispano-moresque. Plat rond décoré
en rouge cuivreux métallique : au fond, un
donjon ; à la chute et au marli, motif rayonnant.

Diam., 25 cent.

178 — Satzuma. Deux vases ovoïdes couverts, décorés de scènes familières, avec bordures de
mosaïques. Socles en bronze.

Haut., 56 cent.

FAIENCES DE PALISSY

ET DE SA SUITE

179 — Coupe circulaire à bords contournés, présentant une rosace centrale entourée de six mascarons grimaçants.

Diam., 23 cent.

180 — Coupe circulaire décorée en plein du sujet de
Persée délivrant Andromède ; composition de
onze figures en bas-relief.

Diam., 25 cent.

181 — Plat a épices ovale offrant une cavité centrale jaspée entourée sur le marli de huit récipients séparés par des cornes d'abondance.

Grand diamètre, 33 cent.; petit diamètre, 25 cent.

182 — Coupe circulaire à bords relevés, ornée au
fond d'une scène pastorale à deux personnages et
sur la bordure d'une course de palmettes séparées par des montants.

Diam., 24 cent.

183 — Plat ovale à bords droits; au fond, le sujet
du Christ et la femme adultère.

Grand diamètre, 34 cent.; petit diamètre, 25 cent.

184 — Plat analogue au précédent : au fond, le sujet du Christ lavant les pieds à ses disciples.

Grand diamètre, 34 cent.; petit diamètre, 25 cent.

185 — Plat ovale orné, sur fond jaune, de reptiles
moulés sur nature.

Grand diamètre, 48 cent.; petit diamètre, 37 cent.

PORCELAINES ET GRÈS

186 — Brule-parfums formé d'un vase couvert en
porcelaine de Chine à décor de lambrequins en
rouge de cuivre avec traces de dorure; monture
en bronze de la Chine composée d'un socle à
pieds trompes d'éléphants, de deux anses dragons et d'un bouton de couvercle ajouré.

Haut., 60 cent.

187 — VASE composé d'un tabouret de jardin en
forme de tonnelet en grès de la Chine, à décor
polychrome d'oiseaux, fleurs et têtes de clous en
relief; monture en bronze.

Haut., 70 cent.

188 — PETIT VASE couvert, de forme arrondie, en vieux
Sèvres, pâte tendre, à décor polychrome de fleurettes, avec rehauts de dorure. Monture en
bronze doré.

Haut., 21 cent.

189 — ÉCUELLE couverte à oreilles, accompagnée
d'un plateau rond en ancienne porcelaine de
Saxe, à décor polychrome, rehaussé de dorure,
de fleurs et quadrillages dans le goût japonais.

Diam., 22 cent.

190 — DEUX BUSTES D'ENFANTS en porcelaine de Saxe
décorée au naturel; la tête est enveloppée d'un
linge et le corsage est semé de fleurettes.

Haut., 15 cent.

191 — PLAQUE ronde en porcelaine. Sacrifice à
Minerve.

SCULPTURES

192 — Terre cuite émaillée. Médaillon circulaire présentant au centre un buste d'enfant en haut-relief, le visage réservé sur fond émaillé bleu ; la bordure offre une guirlande de feuilles et de fruits polychromes. École des Robbia. xvi⁰ siècle.

Diam., 41 cent.

193 — Terre cuite émaillée. Statuette polychrome avec chairs réservées. Judith debout tenant d'une main une épée, de l'autre la tête d'Holopherne dont elle foule le corps à ses pieds ; sur le socle, bas-relief présentant un sujet analogue. École des Robbia. xvi⁰ siècle.

Haut., 66 cent.

194 — Terre cuite, avec traces de dorure et de peinture. Statuette : David debout, vêtu à l'antique, ayant à ses pieds la tête de Goliath. Italie. xvi⁰ siècle.

Haut., 69 cent.

195 — Terre cuite. Buste de sainte femme, la tête couverte d'un voile et légèrement inclinée sur l'épaule droite.

Haut., 43 cent.

196 — Marbre blanc. Petite tête d'Hercule. Ancien travail italien.

Haut., 6 cent.

197 — Marbre blanc. Statuette : la Joueuse d'osselets.

Haut., 36 cent.

198 — Marbre blanc. Haut-relief : Enfant nu étendu à terre, la tête sur une gerbe de blé, une faucille dans la main droite.

Long., 38 cent ; larg., 21 cent.

199 — Sifflet (?) en bois sculpté, formé d'un amour étendu sur un dauphin. xviie siècle. Petit piédouche en bois tourné.

Haut., 8 cent.

200 — Petit groupe en bois sculpté : la Flagellation. xviiie siècle.

Haut., 7 cent.

201 — Deux figurines en bois sculpté : saints personnages.

Haut., 10 cent.

202 — Petite croix en bois sculpté et ajouré, contenant des scènes de la vie du Christ. Travail du Liban.

Haut., 11 cent.; larg.. 5 cent.

203 — PETIT PANNEAU provenant d'un coffret vénitien et formé de trois bas-reliefs en os, présentant
de saints personnages et compris dans un encadrement de certosina. XIVᵉ siècle.

Haut., 19 cent.; larg., 10 cent.

204 — PETIT GROUPE en ivoire sculpté : le Christ et
la Samaritaine.

Haut., 7 cent.; larg., 6 cent.

205 — PETIT GROUPE en ivoire sculpté : la Vierge et
l'Enfant Jésus. XVIIᵉ siècle.

Haut., 8 cent.; larg., 3 cent.

206 — DEUX PIÈCES en ivoire : Centaure et petite
boîte ajourée.

207 — DEUX PETITS BAS-RELIEFS cintrés du haut en
ivoire sculpté : la Flagellation et l'Ensevelisse-
ment du Christ.

Haut., 13 cent.; larg., 7 cent.

208 — PETIT HAUT-RELIEF rectangulaire en ivoire
sculpté : Saint Sébastien.

Haut., 9 cent.; larg., 6 cent.

209 — VIDRECOME cylindrique couvert en ivoire
sculpté en bas-relief : Combat de guerriers vêtus
à l'antique.

Haut., 20 cent.

210 — Vidrecome cylindrique en ivoire sculpté en bas-relief : Bacchanale. Base en argent.

Haut., 14 cent.

211 — Vidrecome cylindrique en ivoire sculpté en bas-relief : Jeux d'enfants. Base en cuivre.

Haut., 13 cent.

212 — Petit fragment cylindrique en ivoire sculpté en bas-relief : Bacchanale d'enfants.

Haut., 9 cent.

213 — Deux pitongs cylindriques en ivoire, ornés de branches fleuries et oiseaux en laque d'or et incrustation de burgau, nacre et ivoire teint. Travail japonais.

Haut., 13 cent.; diam., 8 cent.

214 — Petite boîte couverte en ivoire sculpté à personnages. Travail japonais.

Diam., 4 cent.

215 — Deux pitongs cylindriques en bois, décorés en laque d'or et incrustations d'ivoire et de burgau, de personnages, animaux et arbres fleuris. Travail japonais.

Haut., 19 cent.; diam., 14 cent.

BRONZES

216-217 — Deux hauts-reliefs de forme rectangulaire en bronze, à patine brune : l'un représente une bacchanale ; l'autre, le Jugement de Pâris. Importantes compositions du temps de Louis XIV. Cadres en bois noir.

Haut., 47 cent.; larg., 65 cent.

218 — Statuette en bronze, à patine brune : femme nue accroupie, s'essuyant le corps d'une draperie dont elle tient une extrémité de la main droite, tandis que l'autre est enroulée autour de sa tête et est maintenue de la main gauche surélevée. Travail italien. xvie siècle. Base adhérente en bronze simulant un rocher.

Hauteur totale, 35 cent.

219 — Statuette en bronze à patine foncée : la Géométrie figurée par une femme debout, nue, accoudée à une équerre. Travail italien. xvie siècle. Socle cylindrique en serpentine.

Hauteur de la statuette, 40 cent.

220 — Trois statuettes en bronze : deux de femmes debout, le corps en partie couvert d'une draperie, la troisième d'adolescent nu debout, une coupe dans la main droite. Ancien travail italien. Socles en bois.

Hauteur de chacune, 18 cent.

221 — Coupe circulaire surbaissée avec couvercle
en bronze à patine foncée : elle est supportée
par trois dieux Pans adossés, assis sur un
tertre soutenu par une plinthe cylindrique, à
mascarons en bas-relief; le couvercle est surmonté d'un satyre assis sur une peau de bouc.
Ancien travail italien.

Haut., 45 cent.

222 — Plat rond et creux en cuivre gravé : la
surface est couverte de mascarons et de sirènes
entremêlés de rinceaux ; au centre, écusson
armorié. Travail vénitien. xvie siècle.

Diam., 50 cent.

223 — Aiguière vénitienne, à panse piriforme, en
cuivre gravé, décor de cartouches et entrelacs ;
anse serpent.

Haut., 22 cent.

224 — Deux girandoles à sept lumières, en bronze
doré, formées chacune de trois statuettes de
femmes adossées, dont le corps se termine en
pieds de chèvres, et soutenant le bouquet de
branches porte-lumières.

Haut., 70 cent.

225 — Coupe libatoire en bronze, à patine brune,
partiellement argenté et doré, ornée en haut-relief
de personnages, habitations et arbres. Travail
chinois.

Haut., 16 cent.

226 — Deux vases-balustres en bronze du Japon,
ornés en haut-relief d'animaux chimériques;
rehauts de dorure ; socles ajourés en bronze
également.

Haut., 80 cent.

227 — Brule-parfums circulaire surbaissé avec couvercle ajouré en bronze du Japon, décoré en
léger relief de deux compartiments de fleurs et
animaux, et de grecques et rinceaux argentés.

Diam., 29 cent.

ÉMAUX CLOISONNÉS

228 — Grand vase ovoïde sur piédouche en émail
cloisonné de la Chine, à décor de rinceaux
fleuris sur fond bleu.

Haut., 60 cent.

229 — Grand vase forme bouteille, en émail cloisonné de la Chine, à décor de branches fleuries
et oiseaux sur fond bleu.

Haut., 60 cent.

230 — Grand bassin circulaire en émail cloisonné
de la Chine, à décor d'habitations, personnages
et rinceaux fleuris.

Diam., 53 cent.

231 — Vase quadrilatéral, à corps renflé, en émail
cloisonné de la Chine, à fleurs et oiseaux sur
fond bleu.

Haut., 30 cent.

ORFÈVRERIE

232 — Deux bas-reliefs rectangulaires en argent
repoussé et doré : Jésus au milieu des docteurs,
et l'Assomption. xviie siècle. Cadres en argent
gravé.

Haut., 29 cent.; larg., 25 cent.

233 — Plat circulaire en argent repoussé et gravé :
il présente la Défaite des Turcs par Léopold Ier,
empereur d'Allemagne, sous les murs de Vienne,
en 1683. Travail allemand. xviie siècle.

Diam., 59 cent.

234 — Petit bas-relief rectangulaire en argent
repoussé : la Nativité. xviie siècle.

Haut., 15 cent.; larg., 11 cent.

235 — Plateau ovale en argent repoussé et gravé :
au fond, deux personnages jouant aux dames;
au marli, gerbe de fruits et trophées militaires.
Ancien travail allemand.

Grand diamètre, 55 cent.; petit diamètre, 48 cent.

236 — Coupe circulaire à ombilic, en argent repoussé, gravé et doré : écusson central entouré
sur l'ombilic et la bordure d'une course d'animaux divers s'entredévorant. Ancien travail
portugais (?).

Diam., 30 cent.

237 — Vidrecome cylindrique couvert en argent
partiellement doré : sur le pourtour, un Triomphe
en haut-relief ; sur le couvercle, cheval en ronde
bosse ; le revers du couvercle porte une armoirie
et la date 1675. Travail allemand.

Haut., 23 cent.

238 — Coupe godronnée sur piédouche partiellement doré : au fond de la coupe, en haut-relief,
le sujet d'Alexandre et Diogène ; le piédouche
est formé d'une statuette de femme debout sur
une base ornée d'un triomphe. Travail allemand.

Haut., 23 cent.

239 — Petit tableau de sainteté rectangulaire,
formé de médaillons d'argent niellé encadrés de
cuivre : saints personnages. Travail gréco-russe.

Haut., 16 cent.; larg., 12 cent.

240 — Petit tableau d'autel en argent et cuivre, de
forme architecturale, avec colonnettes, fronton et
figurines d'anges ; il est orné au centre d'une
miniature représentant Saint Michel et le dragon.

Haut., 25 cent.; larg., 17 cent.

241 — Coupe circulaire surbaissée à anses, branchages et couvercle en argent gravé et partiellement doré : sujets de chasse et rinceaux.

Haut., 20 cent.

242 — Coffret oblong en argent repoussé ; sur le couvercle, combat de chevaliers en ronde bosse.

Haut., 11 cent.; larg., 15 cent.

MATIÈRES DURES

243 — Large pitong cylindrique en jade vert foncé de la Chine, sculpté en bas-relief et ajouré ; il est décoré sur toute sa surface d'habitations et d'arbres fleuris. Socle en bois.

Haut., 15 cent.; diam., 18 cent.

244 — Petite coupe circulaire en jade gris de la Chine, accostée de trois dragons ajourés et pris dans la masse.

Haut., 5 cent.; larg., 13 cent.

245 — Plaque oblongue, cintrée du haut, en cristal de roche, par Valerio Belli ; elle représente en creux l'Adoration des bergers et est signée. xvie siècle. Elle est doublée d'une plaque d'argent.

Haut., 11 cent.; larg., 8 cent.

246 — Autre plaque rectangulaire analogue à la
précédente : le Christ apparaissant aux apôtres ;
signée également. Elle est doublée d'une plaque
d'argent.

Haut., 10 cent.; larg., 8 cent.

247 — Plaque ovale en cristal de roche doré, représentant en creux l'Adoration des bergers.

Grand diamètre, 10 cent.; petit diamètre, 8 cent.

248 — Petite coupe ovale en agate rubanée; anse
et monture en argent émaillé et doré.

Larg., 7 cent.

VERRES

249 — Deux coupes godronnées en verre incolore
émaillé à imbrications : au fond de l'une, un
écusson armorié. Travail vénitien. xvie siècle.

250 — Coupe sur piédouche en verre incolore
émaillé : écusson armorié au fond. Ancien travail vénitien.

251 à 256 — Environ vingt-quatre verres a boire
de diverses formes sur pied élevé en verre de
Venise, la plupart du xvie siècle.

257 à 259 — Sept burettes en verre opale ou incolore. Ancien travail vénitien.

260 à 263 — Environ seize vases, hanaps ou coupes
couvertes en verre de couleurs incolore ou
émaillé. Travail de Venise ou de Bohême.

264-265 — Environ seize gobelets, coupes ou burettes en verre aventuriné, marbré ou verre
agate.

266 — Fragment en verre irisé présentant des mufles
de lions.

Haut., 4 cent.

OBJETS DIVERS

267 — Calice en vermeil ; le piédouche à nœud et
à base lobée du xive siècle, est en cuivre gravé
avec traces d'émail. Le nœud est orné de médaillons contenant des bustes de saints personnages.

Haut., 21 cent.

268 — Médaillon circulaire en cuivre oxydé, présentant en bas-relief un groupe de femmes im-
plorant un général victorieux ; composition de
nombreuses figures portant, les unes, le costume
antique ; les autres, le costume du xvie siècle.
Cadre en bois sculpté à mascarons et dragons.

Diamètre du médaillon, 16 cent.

269 — Trois pièces : boîtier en galuchat, petite plaque en argent niellé ornée d'une scène de paysans et petit fragment en argent orné de caractères chinois.

270 — Tabatière oblongue à angles coupés, en or émaillé en plein à décor de sujets de chasse en noir sur fond blanc. Commencement du xixᵉ siècle.

Long., 7 cent.; larg., 4 cent.

271 — Deux pièces en porcelaine : tabatière oblongue, à décor de sujets militaires, et petite coupe couverte à fleurs polychromes en relief.

272 — Trois pièces en porcelaine dure : boîte oblongue couverte à décor d'oiseaux, et deux boîtes sphériques surbaissées avec couvercle, à surfaces semées de fleurettes blanches en relief.

273 — Boîte de forme allongée en purpurine, ornée sur le couvercle d'un bouquet de fruits en mosaïque de Rome.

274 — Boîte oblongue couverte en lapis-lazuli.

Long., 7 cent.; larg., 4 cent.

275 à 279 — Quatorze bagues et cachets en argent ou bronze de diverses époques.

280 — Petite coupe en laque rouge ciselé de
Péking : personnages et animaux.

Haut., 6 cent.; diam., 11 cent.

281 — Deux pièces : miniature encadrée de cristal
et médaillon de cristal.

282 — Quatre plaques circulaires en cuivre ornées
de peintures : bûcherons, soldats, parc, paysan.
École flamande.

Diam., 14 cent.

283 — Miroir a main orné de rinceaux émaillés et
compris dans une monture métallique.

MEUBLES

284 — Cabinet italien en bois noir avec tabernacle
central et nombreux tiroirs : chaque tiroir extérieur est décoré de paysages en verre églomisé.
Garniture de cuivre. XVIIe siècle.

Haut , 95 cent.; larg., 1 m. 70 cent.

285 — Deux vitrines d'encoignures en bois noir.

Haut., 2 mètres.

286 — Deux autres plus petites.

Haut., 1 m. 75 cent.

287 — Vitrine à deux corps en bois noir ; chaque corps ouvre à deux portes vitrées.

Haut., 2 m. 70 cent.; larg., 1 m. 20 cent.

288 — Vitrine plate en bois noir.

289 — Gaine en bois noir.

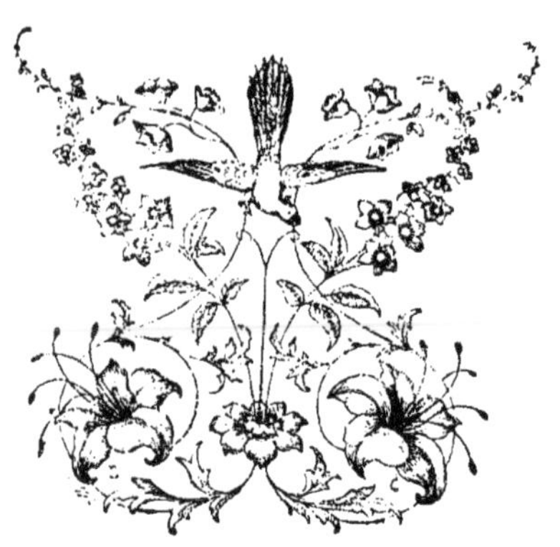

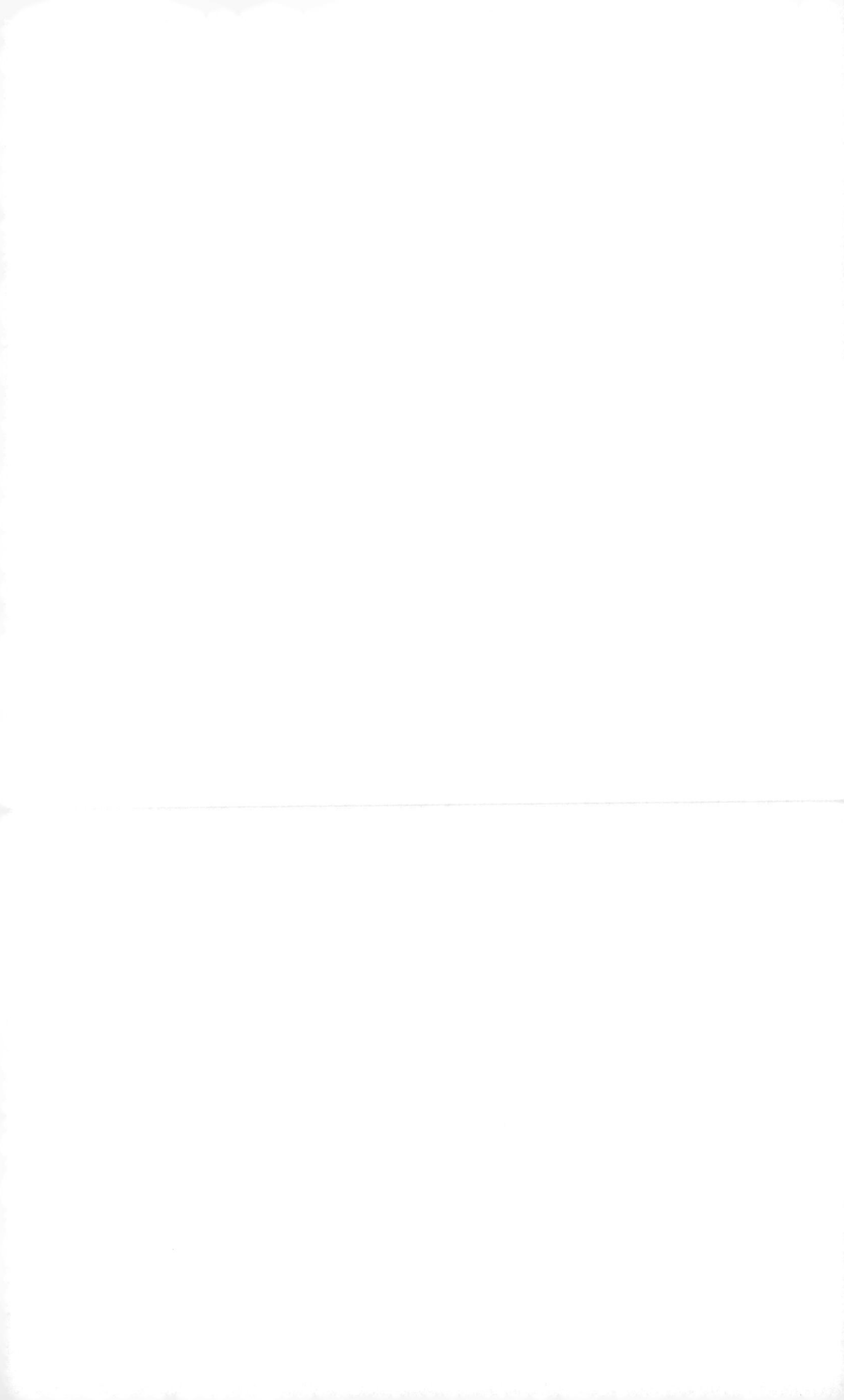